EL ARTE DE HABLAR EN PÚBLICO

Una Experiencia Fascinante

Henry Munar

ISBN: 978-958-58399-4-6

Prólogo:
Diego Vásquez

Corrección y Estilo:
Sandra Pinzón Silva

Diseño y Diagramación:
Departamento de Diseño
Editorial Corcultura

Primera Edición Colombia (Noviembre 2020)

© Corcultura
www.corcultura.org

Impreso en Colombia - Printed in Colombia

Índice

AGRADECIMIENTOS

"Cuando estás agradecido, el miedo desaparece
y aparece la abundancia."

Anthony Robbins

Antes de construir un edificio, los diseñadores, ingenieros y arquitectos se reúnen para planear como ha de construirse; ¿Qué atributos deberá tener?, ¿Cómo estará distribuido? ¿De qué clase de servicios necesitará estar dotado? Todos estos interrogantes y más deben ser resueltos para iniciar una construcción útil y funcional; de igual manera, nosotros los seres humanos, hemos sido hechos con un propósito, para un fin, y hemos sido dotados cada uno de lo que necesita para cumplir con ese propósito.

Agradezco al Dios universal por haber dotado mi ser con los talentos con que fui hecho y agradezco al universo la oportunidad de expresarme a través de este medio.

Hay muchas personas que han influido en la elaboración de este trabajo y quiero agradecer a todos:

A mi madre y mi hermana, quienes siempre, incondicionalmente han estado aquí.

A mi esposa Nathaly, quien soporta los altibajos emocionales que, como actor, alumno eterno de la inteligencia emocional y ser humano normal, he soportado.

A mi hijo Emmanuel, quien me inspira a superarme cada día.

A mi editor Eduardo Alighieri, quien antes de serlo fue mi amigo y mentor.

A Diego Vásquez quien además del prólogo para este libro me ha regalado un ejemplo de integridad y profesionalismo invaluables.

Por último y no menos importante, agradezco a usted amigo lector, por unirse a este sueño; porque al leer estas páginas no solo contribuirá a la realización de mi sueño, sino que, estoy seguro, obtendrá herramientas que le ayudaran a cumplir los suyos, si entiende que la comunicación es la llave maestra que le abre todas las puertas en el universo de las oportunidades.

Henry Munar

PRÓLOGO

La necesidad de compartir pensamientos, generar emociones, enseñar, o simplemente expresar lo que queremos decir, va más allá de utilizar el instrumento vocal.

Un discurso por más potente, elocuente y honesto que sea en el papel, requiere para su difusión de un instrumento bien construido para que el mensaje sea eficaz, verídico y directo.

Este compendio de piezas elementales, vistas en su esencia, las cuales hacen parte de ese instrumento de la comunicación que somos los individuos, nos enseña los componentes físicos, emocionales e intelectuales de la comunicación; nos pone de presente los sentidos como emisores y receptores conscientes del mensaje y nos brinda herramientas suficientes para hacer del "hablar en público" un arte.

Hablar no es solamente decir, hablar es la oportunidad de dejar una impronta que nos haga únicos, irrepetibles y ojalá perdurables en el tiempo.

Este ensayo nos brinda una magnífica oportunidad de explorarnos como elementos de comunicación eficaz, y nos brinda opciones de interacción con auditorios pequeños y grandes, los cuales quizas nunca antes habríamos imaginado conocer.

Diego Vásquez

Actor de Teatro, Cine y Televisión

INTRODUCCIÓN

Hablar en Público es una habilidad Imprescindible para desarrollarse en los campos laboral y social. Esta habilidad consiste en lograr establecer una Comunicación Efectiva con nuestro público.

Este libro está dirigido a gerentes, empresarios, emprendedores, networkers y estudiantes de todas las áreas, que deben presentar sus ideas y/o proyectos, o que desean mejorar su impacto profesional.

En él, hallarán las herramientas para descubrir y vencer el miedo y la inseguridad al hablar en público, aprenderán a elaborar y preparar un discurso, cualquiera que sea, y la manera apropiada de exponerlo para impactar positivamente al auditorio.

Han de saber que, cuando nos dirigimos a otra u otras personas utilizamos no solo uno, sino tres lenguajes: lenguaje verbal, que es todo aquello que decimos con palabras, lenguaje no verbal, que es todo aquello que expresamos con nuestros gestos y actitudes y el lenguaje para verbal que tiene que ver con la entonación que usamos al pronunciar.

En los próximos capítulos, a través de algunos ejercicios prácticos, trabajaremos estos tres lenguajes, así como la forma de elevar nuestro auto estima y ganar seguridad en nosotros mismos.

Hablar en público es saber comunicar los mensajes con eficacia. No es hablar rápido, ni más que el resto si estamos en una conversación, ni más alto. Para alcanzar ese objetivo es fundamental que planifiquemos los mensajes, la estructura y la puesta en escena de nuestra intervención. Hablar mucho o, peor aún, hablar demasiado, puede diluir el mensaje, disminuir la relevancia de lo esencial a transmitir. Ocurre en reuniones, conferencias, en la televisión o la radio, incluso en conversaciones interpersonales.

No ser eficaces a la hora de hablar en público conlleva problemas de imagen, pérdida de dinero, de tiempo y de oportunidades. No es tan difícil aprender y quienes se animan a mejorar notan sus progresos casi de forma inmediata.Es importante pensar en lo que nuestro receptor espera de nosotros. Escuchar y conocer a las personas que nos escuchan, va a hacer que nuestros mensajes a la hora de hablar en público sean mucho más eficaces. Por tanto, estamos ante una cuestión muy seria. No se trata solamente de hablar por hablar.

ANTES DE HABLAR AL PÚBLICO, HÁBLATE A TI MISMO

Los más recientes estudios neuro-cientificos, han revelado que una persona promedio dedica 14 horas diarias a hablar consigo mismo, y lo preocupante es que el 80% de esa conversación interna es negativa; frases como, no puedo, no se hacerlo, es peligroso, etc. están bombardeando nuestra mente de manera constante, y si bien, muchas veces son un mecanismo de defensa de nuestra mente para protegernos, la mayoría de las veces, interrumpe o detiene nuestro accionar produciendo, entre otras cosas:

• Miedos a cosas inexistentes o improbables

• Estrés

• Ansiedad

• Sentimiento de que no eres suficiente o eres incapaz

• Etc.

En este caso, frente a la oportunidad de expresarnos ante un auditorio o publico de cualquier tamaño, constantemente nos frustramos al sentir temor, nervios incontrolables, o incluso quedar paralizados lo que se conoce como Gloso fobia, ese miedo irracional e incontrolable de hablar en público. Muchas veces estos síntomas nacen, precisamente, en nuestras conversaciones internas, el decirte a ti mismo cosas como, soy muy tímido, me da pena, no soy capaz o no sé qué decir, son los primeros dardos que lanza nuestro cerebro para evitar exponernos, por eso, a partir de ahora es importante que des la vuelta a esta conversación.

¡NO TE ESCUCHES, HÁBLATE!

Cuando te descubras a ti mismo, repitiéndote estas frases negativas, cámbialas por afirmaciones positivas, como, por ejemplo: "Cada día me relaciono mejor con otras personas", "Cada día soy mejor orador", "Gracias Dios por mi voz", "Gracias por el poder de comunicarme", la gratitud es la mejor manera de empezar a pensar y sentir en positivo.

VALORA TU ESFUERZO

Algunas personas suelen buscar consentimiento en los demás, constantemente están necesitando aprobación o elogios de terceras personas porque ellos mismos no se valoran, es importante recordar nuestras victorias, por pequeñas que sean, pues esto ayuda a reforzar la confianza en nosotros mismos. Aquella entrevista laboral que tanto miedo te daba y de la que saliste airosa/o, la entrevista con la que te admitieron en la universidad, esa conversación con la que cerraste un negocio o hiciste una venta, incluso ese chiste que te atreviste a contar y que se volvió el centro de la fiesta; todos esos pequeños triunfos hablando a los demás, debes traerlos a tu mente, agradecerlos y celebrarlos, porque así es como le dices a tu cerebro: mira que si puedo, soy bueno hablando en público, siempre sé que decir, los demás se sienten bien escuchándome... etc.

CONFÍA EN QUE PUEDES Y PODRÁS

Tener más confianza en ti mismo forma parte de tu bienestar, de tu satisfacción con la vida y se vuelve necesario para mejorar tu rutina diaria. La falta de confianza puede limitar todo el potencial que tienes y, se convierte en un obstáculo para lograr lo que quieres. Pero, la buena noticia es que dejar de sentir miedo y ganar más confianza es una habilidad que se aprende y se entrena (existe evidencia científica detrás de esto). Si tienes la confianza suficiente en ti, cambiar de hábitos y lograr absolutamente cualquier cosa que te propongas se vuelve mucho más fácil.

Así de simple. La falta de confianza en sí mismo, sin duda se relaciona con el miedo. Al final, si no crees en ti mismo, sientes miedo de no poder lograr lo que te propones y ni siquiera lo intentas, este "miedo" limita todo tu potencial, pero, es algo que todos enfrentamos, hasta cierto punto. Déjame contarte que sentir miedo es normal. Incluso es natural en los humanos.

Así es como nuestros antepasados cavernícolas lograban transmitir sus genes. Se necesitaba ser muy cauteloso para sobrevivir. Sus acciones eran limitadas y su "zona de confort" también lo era.

Es curioso ver como nuestra "zona de confort" se expande conforme más nos alejamos tomando acción y se hace más chiquita cuanto menos nos movemos. La pregunta clave: ¿Cómo superar ese miedo?, ¿Cómo lograr sentir más seguridad en uno mismo?

Déjame contarte que lograr sentir más confianza, es una habilidad que puede entrenarse, para ello, lo primero que haremos será descubrir donde se esconden esos miedos.

VENCIENDO LOS MIEDOS

Además de las conversaciones internas, la gran mayoría de la gente presenta miedo a hablar enfrente de un público, por una serie de razones entre las cuales destacan:

• Miedo a las críticas

• Miedo al fracaso

• Ansiedad al sentirse el centro de atención

• Poder demostrar ignorancia del tema a tratar

• Miedo a las posibles reacciones negativas de los espectadores

• Temor a la pérdida del prestigio

• Etc.

Gran parte de este miedo es irracional, es decir, no obedece a motivos lógicos. Ahora bien, tener miedo en los momentos previos a una exposición pública es algo natural, propio del ser humano. Por esta razón, no deberíamos ser excesivamente críticos con nosotros mismos, ni considerarnos como una persona débil o insegura. La mejor manera de vencer el miedo es con una preparación adecuada. Es muy aconsejable trabajar y ensayar rigurosamente la intervención. Cuando se domina el tema de la exposición, las posibilidades de cometer fallos se reducen notablemente, lo cual, genera confianza y disminuye el citado nivel de ansiedad.

Suele resultar muy útil mantener una mentalidad positiva antes y durante la intervención, es decir, imaginarse la enorme satisfacción que nos produciría obtener un gran éxito.

Conseguir desenvolverse airosamente y sin inhibiciones, es en la mayoría de los casos una cuestión de práctica. Por lo tanto, es muy aconsejable no dejar pasar cualquier oportunidad de hablar en público.

Por otra parte, hay que tener en cuenta que no todo el miedo es malo, sino que resulta una ventaja, puesto que nos mantiene alerta y agudiza nuestro ingenio, ayudándonos a superar el trance con éxito.

5 SENCILLOS PASOS PARA
VENCER EL MIEDO

1) *Visualiza:* Podemos comenzar unos días antes del evento imaginándonos mentalmente haciendo la presentación. Al hacerlo, es de gran utilidad utilizar todos nuestros sentidos: observando las imágenes de cómo gesticulamos de forma eficaz, de las caras de interés de nuestro auditorio, del espacio donde vayamos a exponer, etc. Escuchando nuestra voz firme y serena, con el grado de emocionalidad adecuado, la ovación estruendosa de

nuestro auditorio, las palabras de felicitación que nos dedican una vez finalizado el acto, etc. Podemos agregar si queremos también sabores y olores. De gran impacto, es profundizar en el estado emocional en que viviremos este acto, por ejemplo: entusiasmo, pasión, amor hacia el público, etc., que casi siempre, va acompañado de las frases que nos decimos a nosotros mismos (ej.: Yo puedo, sé hacerlo, sé que puedo, etc.).

2) ***Relájate:*** Diez minutos antes, aislémonos en la medida de lo posible, antes de comenzar el acto. Es el momento de llevar a nuestro interior todas las visualizaciones y prácticas realizadas hasta ahora. Repitámonos antes de salir a escena, aquellas palabras que nos conectaban con el ponente/orador experto. Este tipo de palabras siempre sirven para activarnos y motivarnos. Algunos oradores, en estos momentos previos piensan en su ser más querido y le dedican mentalmente la presentación.

3) ***Acepta la tensión:*** En lugar de querer cambiar la tensión, es recomendable que la aceptes y la conviertas en tu aliada. Numerosos estudios confirman que un cierto nivel de tensión siempre es positivo ante estos actos para que nuestro organismo segregue adrenalina y podamos así impactar con un mayor grado de intensidad en nuestra acción.

4) ***Respira profundo:*** Ahora bien, para que esta tensión no sobrepase el umbral deseado y resulte paralizante, no debemos olvidarnos de respirar. Parece algo obvio, pero lo habitual es que en situaciones de tensión dejemos de respirar y eso hace que nos paralicemos.

Respira honda y profundamente, aguantando la respiración con el fin de que nuestro corazón funcione a la velocidad adecuada.

5) ***Dominio escénico:*** Antes de empezar a presentar, dirige una mirada en abanico que abarque toda la sala. Eso permitirá en gran medida que los murmullos se apaguen y podamos empezar a hablar. Habrá sido el primer acto de dominio sobre el auditorio y nos producirá mayor tranquilidad. Recordemos que en el escenario nosotros somos los líderes y que quien mira primero es el orador al auditorio y no al revés.

TÉCNICAS PARA CONTROLAR LA ANSIEDAD

Existen numerosas técnicas y herramientas muy útiles para conseguir unos niveles razonables de relajación antes de Hablar en Público. Con ellos evitaremos sufrir situaciones de pánico escénico, pero, también conviene tener en cuenta que tan perjudicial es un alto nivel de ansiedad, como un exceso de relajación.

¡ATRÉVETE A HABLAR!

Ejercicios simples:

1. Pregunta una dirección a un grupo numeroso de personas

2. Haz una pregunta casual en una clase, puede ser hasta del mismo tema que estén hablando

3. Pide a viva voz una cerveza en un restaurante.

4. Pregunta la hora a cualquier persona.

Con estos ejercicios sencillos que puedes practicar de manera cotidiana y sencilla, le estas enviando información a tu cerebro de que, hablar a otras personas es fácil, no te pone en peligro y lo más importante, que eres capaz de hacerlo.

TRES CONSEJOS PARA CONTROLAR LA ANSIEDAD

1. **PREPARACIÓN Y PRÁCTICA:** No comiences a ver tus apuntes y repasar tu materia sentado en una silla, visualizándote que lo haces bien, eso no es ensayar, si bien es cierto, tal acto es un método, más ayudarte, está muy lejos de ser practica como tal.

Imagina a tu público frente a ti y repasa el discurso en voz alta, usa a alguien de tu familia o a tu mejor amigo como espectador, ensaya frente al espejo, incluso puedes grabarte haciendo el ejercicio y luego te observas.

Esa retroalimentación es importante pues, así podrás darte cuenta que es lo que puedes corregir, recuerda no darte látigo, más bien celebra tus logros, felicítate por tu esfuerzo y sigue practicando.

2. **ENFÓCATE EN EL TEMA:** Cuando hablas en público y te concentras en el tema en sí, y que este sea comprendido por el público, rápido te olvidas primeramente del hecho que estás hablando en público y consecuentemente de los nervios que te produce.

3. **RESPIRACIÓN PROFUNDA:** Tal vez podrías pensar que esta técnica es muy simple, pero funciona y muy bien cuando de controlar los nervios hablamos, al respirar de manera consiente, oxigenas tu cerebro y le envías información de tranquilidad… "no estoy en peligro".

EJERCICIOS DE RELAJACION

1. Respiración diafragmática lenta:

La Técnica de la Respiración Diafragmática lenta es una Herramienta muy utilizada desde la antigüedad para controlar la ansiedad. Se practica de muy diversas formas, pero siempre, con la característica común de respirar tomando aire muy lentamente, llevándolo a la parte inferior de los pulmones para luego expulsarlo progresivamente.

2. Relajación Muscular:

Una manifestación muy frecuente de la ansiedad es la tensión muscular. Es un mecanismo biológico del ser humano que nos prepara para enfrentar una situación de peligro.

Existen numerosas técnicas que ayudan a controlar este mecanismo involuntario, igual que se controla la respiración o los pensamientos negativos propios de los momentos previos a una situación de estrés. El estado natural del ser humano cuando no siente dolor y sus necesidades básicas están cubiertas, es el de la relajación; prueba de ello, es observar durante un rato a un recién nacido que está sano, alimentado, limpio y con una temperatura ambiental adecuada y ver el estado apacible en que se encuentra.

Pero ese estado, por desgracia no suele ser el habitual a medida que vamos creciendo. Una manera muy común que tiene la gente de evitar ponerse en contacto con las emociones es tensar, inconscientemente los músculos. Se van formando zonas corporales que hacen las veces de coraza. Dedicar unos minutos a la relajación diaria es de suma importancia para mantener la salud física, mental y emocional.

Estos son los beneficios que la práctica de la relajación aporta a nuestro organismo:

• Disminución de la ansiedad.

• Aumento de la capacidad de enfrentar situaciones estresantes.

• Estabilización de las funciones cardiaca y respiratoria.

• Aumento de la velocidad de reflejos.

• Aumento de la capacidad de concentración y de la memoria.

• Aumento de la eficiencia en la capacidad de aprendizaje.

- Incremento de la habilidad para relajarse cada vez que lo necesite, esté donde esté.

- Sintonización armónica de la mente y el cuerpo.

- Aumento de la capacidad de reflexión.

- Aumento de la tendencia natural de conocerse a sí mismo.

- Aumento de la disposición del organismo a curarse a sí mismo.

- Incremento de la capacidad creativa.

- Aumento de la facilidad de pensar en positivo.

- Tendencia creciente al mejoramiento de la auto imagen positiva.

- Aumento de la confianza en sí mismo.

- Disminución de la tensión arterial.

- Mejora en la circulación sanguínea.

- Normalización de la respiración.

- Sensación de alivio de tensiones.

- Aumento de recuperación física y mental.

- Aumento de la oxigenación cerebral.

- Mejora en la calidad del sueño.

- Mayor facilidad para recordar los sueños acontecidos mientras se duerme.

PREPÁRATE

PARA HABLAR

> *"Para poder hablar en público solo*
>
> *necesitas tener algo que decir"*

Si has decidido vencer tu temor al público, seguro es porque quieres decir algo, y créeme, eso es todo lo que necesitas, ahora vas a encontrar las técnicas que usan los oradores profesionales para preparar sus intervenciones. Aclaremos antes algunos términos:

Elementos de la comunicación:

Llamamos comunicación al proceso por el cual se transmite una información entre un emisor y un receptor. Como seguramente ya sabes, los elementos que intervienen en el proceso de comunicación son los siguientes:

• Emisor: Aquél que transmite la información (un individuo, un grupo o una máquina).

• Receptor: Aquél, individual o colectivamente, que recibe la información. Puede ser una máquina.

• Código: Conjunto o sistema de signos que el emisor utiliza para codificar el mensaje.

• Canal: Elemento físico por donde el emisor transmite la información y que el receptor capta por los sentidos corporales. Se denomina canal tanto al medio natural (aire, luz) como al medio técnico empleado (imprenta, telegrafía, radio, teléfono, televisión, ordenador, etc.) y se perciben a través de los sentidos del receptor (oído, vista, tacto, olfato y gusto).

• Mensaje: La propia información que el emisor transmite.

• Contexto: Circunstancias temporales, espaciales y socioculturales que rodean el hecho o acto comunicativo y que permiten comprender el mensaje en su justa medida.

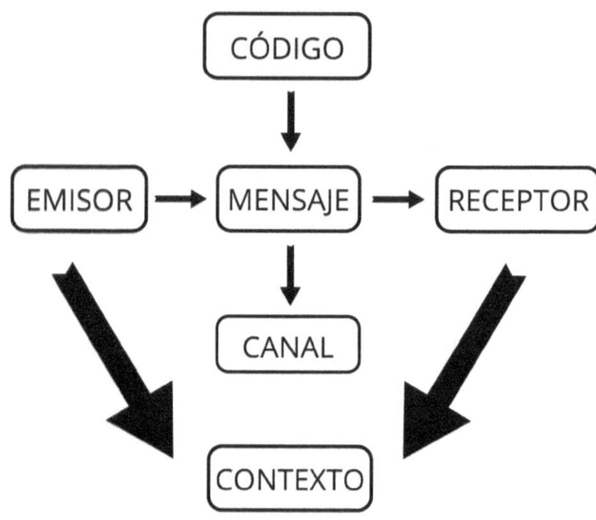

Bien sea un vendedor, un estudiante, un político o un conferencista, toda persona que expone una idea al público llama a su presentación "discurso" y a continuación, verás la forma técnica que utilizan los mejores oradores del mundo para elaborarlo.

EL DISCURSO

Un discurso de corte genérico consta de tres partes bien definidas, cada una de ellas con sus propias características y ligadas intrínsecamente la una con la otra para lograr el cometido esperado:

1° INTRODUCCIÓN

Es el inicio del discurso, sirve para motivar la atención del público hacia las palabras del orador y para dar a conocer, brevemente, en qué consistirá el tema a tratarse y los objetivos que se esperan alcanzar. Pueden utilizarse hasta cinco formas diferentes de introducción, cada una de ellas según el público y la ocasión en que toque pronunciarlas:

Fraseológico: Puede iniciarse mencionando una frase célebre, un poema, las letras de una canción o un pasaje bíblico que tenga relación con el tema a tratarse.

Anecdótico: Contar una anécdota de nuestra vida o sobre otra persona suele cautivar la atención de los oyentes.

Humorístico: También es válido contar un chiste u ocurrencia graciosa que tenga relación con el tema. No siempre los discursos tienen que ser serios o aburridos, la jocosidad le pone la chispa de vida a la exposición y evita que el público se canse o se aburra.

Interrogativo: Esta introducción consiste en hacer preguntas al público sobre el tema a abordarse, pero nunca esperar una respuesta pues las preguntas son sólo de tipo referencial.

El hacer preguntas sirve para demostrar al público que nosotros sabemos algo que ellos no saben y que estamos ahí para instruirlos.

Teatralizado: Es una forma efectiva de llamar la atención del público y comunicarle el tema que vamos a exponer. Se hace uso de la mímica, expresividad corporal y mucho ingenio. Por ejemplo, salir al frente y soltar un vaso de vidrio al suelo; éste se hará pedazos pero nos dará pie para hablar.

2° DESARROLLO

Es la parte medular del discurso, en ella el orador desarrolla su idea central de forma clara y detallada. Algunas recomendaciones dignas de tenerse en cuenta en el desarrollo del discurso son las siguientes:

• Documentarse ampliamente sobre el tema a exponerse.

• Cerciorarse de la veracidad de los datos a exponerse, no sea que nos retruquen y nos hagan pasar un mal momento.

• Elaborar un pequeño esquema de las ideas a presentarse.

•Citar ejemplos, anécdotas, cifras y/o casos reales relacionados con el tema para hacerlo más didáctico.

• Y, sobre todo, hacer un discurso ameno y no muy extenso.

3° CONCLUSIÓN

La conclusión es la parte final del discurso, en ella el orador hace un breve resumen de lo tratado, mencionando los puntos más importantes de la exposición o realizando recomendaciones que se desprenden del tema central. La conclusión es un elemento estratégico pues lo que se dice queda sonándo en los oídos del público y tiene mayor probabilidad de quedar en la memoria.

PREPARANDO EL DISCURSO

Para realizar una exposición con éxito es muy aconsejable ensayar rigurosamente la intervención. La conferencia debe tener orden, y para ello, lo mejor es empezar por resumir los temas que se van a tratar. Posteriormente se debe seguir con la exposición siguiendo una estructura ordenada y lógica.

Introducción: además del saludo, la parte inicial de una presentación debe ser breve, no conviene alargarse demasiado en este apartado. Debe ocupar entre un 10 y un 15% del tiempo total de la charla.

UNA GRAN INTRODUCCION
EN 5 PASOS

1. *La atención es el paso más importante.* Las primeras palabras que pronuncies deben ser una cita, una breve historia, una detención estática, un ejemplo o una pregunta (una de esas, ¡no todas!) como recién lo vimos en las formas de introducción. Ejemplo: sabían ustedes que la ansiedad y el miedo irracional a hablar en público se llama Glosofobia? Y que solo el 4% de la población mundial la padece? Esto es como lanzar un anzuelo y captar la atención de los peces.

2. *El paso de la conexión con la audiencia.* Luego del paso de captar la atención, sigue con una oración que haga que la audiencia se preocupe sobre el tema.

Usa el lenguaje de "ustedes" o "nosotros". El punto aquí, es motivar a los escuchas a preocuparse sobre el tema del que vas a hablar conectando el tema con ellos y sus vidas. El anzuelo del primer paso atrapó su atención; ahora les hemos enganchado y no pueden dejar de escuchar porque se han motivado. Ejemplo: (es decir que posiblemente ninguno de nosotros, afortunadamente, sufra el síndrome.)

3. **Paso de orientación**. Ahora debemos enrollarlos en el tema. En este paso, simplemente habla del tema de tu discurso en una a tres. Nombrar el tema DESPUÉS de haberles enganchado los hace estar más interesados en el tema. (Ej.: hoy vamos e descubrir la forma de enfrentar y vencer los miedos a hablar en público…) Si has comenzado directamente con el tema sin los pasos anteriores, corres riesgos de ver bostezos en la audiencia.

4. **Paso sobre el tema**. Aquí deberá haber una oración que nuevamente nombre el tema PERO QUE TAMBIÉN MUESTRE TU VISIÓN sobre el mismo. Esta es la idea principal de tu discurso. En este punto deberás HABLAR SOBRE el tema que nombraste en el paso 3. (Ej.: Hablar en público es más importante, necesario y sencillo de lo que parece a simple vista…) Lo simple es mejor que lo complejo cuando se trata de la oración sobre tu tema.

5. **Paso de anticipo**. Este es el último paso en la introducción de tu discurso antes de que comiences con el primer punto principal del cuerpo de tu discurso. Basta

con mirar los puntos principales que se encuentran en el cuerpo de tu discurso (muchos discursos tienen tan sólo dos puntos principales, y como mucho cuatro a cinco).

Entonces, enuméralos de manera conversacional para tu audiencia. Es un tipo de tabla de contenidos del discurso y, como tal, ayuda a la audiencia a saber adaptarse a cada punto desde que se les da una estructura del discurso antes de iniciar todo el cuerpo del mismo. (Ej.: "En los siguientes minutos, voy a hablar sobre las técnicas, métodos y herramientas que utilizaremos para lograr una excelente exposición oral").

Desarrollo o Cuerpo de la Ponencia

• En el desarrollo o cuerpo de la charla se exponen las ideas principales que se quieren transmitir.

• Debe ocupar entre un 70 y un 80% del tiempo y en función de esto debemos limitar la cantidad de los conceptos que se pretenden incluir.

• En el cuerpo de la ponencia, se elabora un punto de vista sólido que dé coherencia al discurso con la intención de dejar claros los puntos esenciales.

• Se deben exponer de una manera clara y concisa las ideas que se quieren transmitir.

• No conviene abarcar demasiados temas.

• Las ideas deben estar ordenadas cronológicamente, por orden de importancia y según sus características.

• Aunque no es imprescindible ilustrar la exposición

con imágenes, gráficos, datos, esquemas y cualquier otro recurso visual, estos aumentan el interés por la exposición. No conviene abusar de los mismos.

Desenlace

En la parte final del discurso se resumen las ideas principales que se pretenden transmitir y se intenta persuadir al oyente con la enumeración de los argumentos extraídos de la disertación.   Es suficiente dedicarle un 10-15% del tiempo.

Un buen final incluye un resumen en una o dos frases del discurso y alguna propuesta o solución sobre el tema que se ha planteado, apoyándonos siempre en argumentos objetivos y no en opiniones subjetivas.

No finalizar el discurso con frases tópicas del estilo "mi tiempo se termina ya"... "como veo que están cansados voy a terminar..." "no les molesto más".

Es bueno dejar al público con ganas.

Es muy importante agradecer siempre al público por la atención que han prestado.

El Estilo

Si bien, la mejor recomendación que puedo hacerte es que seas autentico siempre, que te muestres como tú mismo y si imitar a nadie, pues, cada ser humano es único e irrepetible y esa naturalidad que da la autenticidad, agrega inmenso valor a tu presentación; cuando se habla en público, el estilo de la intervención va a depender de diversos factores. Es decir, en función del motivo de la intervención, del objetivo que se pretende conseguir, del público asistente, etc., el discurso tendrá un estilo determinado.

• Antes de comenzar a hablar debemos entrar en contacto visual con los oyentes

• Es importante que las primeras palabras que se pronuncien sean claras y expuestas pausadamente. Debemos comenzar el discurso despacio y haciendo énfasis en aquello que consideremos importante.

• La intervención tiene como principal objetivo convencer al oyente de nuestro punto de vista, de persuadirles para que actúen en una determinada dirección.

Un mismo tema se puede presentar de maneras muy diferente (por ejemplo, la presentación de los resultados de una empresa varía, según se trate de rendir cuentas ante los accionistas o de felicitar a los empleados por los objetivos conseguidos).

Así que no se puede pretender hablar en público siempre de la misma manera: hay que ajustar el estilo de la intervención a las características de cada ocasión, ya que, si no se hiciera la actuación, podrá resultar en un enorme fracaso (con independencia de que uno sea un experto en la materia).

Las características que definen el estilo de una intervención son numerosas, y este puede ser:

• Formal o informal

• Serio o desenfadado

- Sobrio o entusiasta

- Cercano o distante

- Riguroso o generalista

- Monologo o participativo

- Con apoyo visual (proyector) o no.

Debemos buscar darle a la intervención, aquella orientación con la que se pueda lograr el mayor impacto posible con el público.

En caso de duda, es preferible adoptar la opción más conservadora: resulta menos llamativo hablar de manera formal en un acto informal, que hablar de manera informal en un acto formal. La forma de vestir es de crucial importancia, aunque también puede venir determinada por el tipo de acto.

Si no se cuidan todos estos detalles, puede suceder que no consigamos captar la atención del público, quien se irá con la impresión de que el discurso ha estado completamente fuera de lugar.

Recuerda: Un toque de humor, sabiamente administrado, no está reñido con la seriedad ni con el rigor (además, ayuda a acercarse a la audiencia).

EL LENGUAJE VERBAL

"Hablas correctamente cuando tu lengua puede transmitir los mensajes de tu corazón."

De todo lo que comunicamos constantemente, solo un 35, 40 % corresponde a la comunicación verbal, es decir que todo lo que decimos no supone un porcentaje mayor, sin embargo, es este al que más importancia y peso damos; me estoy refiriendo al proceso hablado atraves de las palabras que usamos en nuestro mensaje.

Debes utilizar un lenguaje claro, preciso y directo. No es bueno utilizar palabras rebuscadas ni anglicismos. Tiene mejores resultados un lenguaje directo que uno indirecto, igual que una voz activa, dinámica y segura

• Si disponemos de varios sinónimos para expresar un concepto, debemos utilizar el más corto o menos rebuscado.

• Es importante utilizar frases cortas y sencillas, para que el público nos entienda con mayor facilidad y para que no pierdan el hilo conductivo de la exposición.

• Es recomendable respetar la sintaxis y el orden lógico de las frases.

• Utilizar frecuentemente los verbos, añade mayor dinamismo, consiguiendo que la charla sea más expresiva.

• No utilizar palabras malsonantes. Corremos el riesgo de ofender al público o que nos pierdan el respeto, además de ser de muy mala educación.

• No utilizar eufemismos

• No usar siglas que puedan confundir al oyente

• No utilizar términos contradictorios o hablar con imprecisión.

• Reavivar el interés frecuentemente cambiando de ritmo o introduciendo temas novedosos a la exposición.

• ¿No abusar de las muletillas "bueno..." "bien" "eh?" "eeee..." etc.

DURACION

La Duración de la Intervención será completamente distinta dependiendo de la materia a tratar y de la flexibilidad y posibilidad de improvisar, profundizar en la materia, utilizar transparencias de apoyo, etc.

• Es importante controlar el tiempo de duración de nuestra exposición, y adaptarlo al tiempo del que disponemos. Por ello, es fundamental ser puntuales y empezar a la hora señalada. Si no controlamos bien el tiempo de forma "intuitiva", podemos colocarnos un pequeño reloj en atril, pero no está bien, mirar el reloj cada poco. Es síntoma de nerviosismo y da la impresión de querer acabar pronto.

• Se debe finalizar en el plazo previsto y se debe cortar cuando se detecten síntomas de cansancio en los oyentes.

• Si nos dicen que la exposición va a durar una hora, debemos acabar puntualmente, nunca alargar más tiempo.

• Deberemos tener todos estos factores en cuenta a la hora de definir el tipo de exposición que queremos presentar, para establecer una duración lo más aproximada posible a lo requerido.

LA VOZ

El universo te ha dotado de una herramienta maravillosa para expresar tus ideas y tus emociones: TU VOZ, independientemente de cómo suene o si te gusta o no, es tuya y si la usas de manera adecuada, tendrás un poderoso aliado para conquistar tus objetivos. Debes tener en cuenta los siguientes aspectos:

La pronunciación correcta, es un aspecto muy importante de la oratoria, esencial para poder transmitir el mensaje a nuestros oyentes, además, hace que los oyentes presten atención a lo que decimos y no en los errores que podamos cometer al hablar en público. Para ello, es necesario ejercitar y ejecutar una correcta vocalización y dicción.

La vocalización, es la pronunciación correcta y adecuada de las vocales y consonantes que forman las palabras, esto permite articular sonidos de forma correcta y lograr así trasmitir de manera óptima nuestro mensaje.

Ejemplo:

Discurso mal vocalizado: "Lotro día matacaron unos macianos quentraron enmi casa".

Discurso bien vocalizado: "El otro día me atacaron unos marcianos que entraron en mi casa".

Dicción, es la manera de emplear las palabras para formar oraciones, ya sea de manera oral o escrita. Se habla de buena dicción cuando el empleo de dichas palabras es correcto y acertado en el idioma al que éstas pertenecen, sin atender al contenido o significado de lo expresado por el emisor.

Ejemplos de Problemas de dicción: -vistes, -íbanos, -gratituo, -tualla, -cállensen, -nadien-.

VIGILA LA VELOCIDAD DE TUS PALABRAS

Para mejorar tus habilidades de dicción, debes tener muy en cuenta la velocidad de lo que dices. Aprender a hablar de forma pausada puede ser un primer paso, aunque no el único. El habla pausada no debe ser nunca sinónimo de monotonía o aburrimiento.

Una dicción clara y limpia siempre tiene que ir acompañada por una mejoría de voz y ritmo. Por tanto, la emoción o el énfasis a la hora de pronunciar las palabras son también aspectos fundamentales para mejorar las habilidades oratorias.

¡NO TE ASFIXIES!
CUIDA TU RESPIRACIÓN

Tus pulmones necesitan aire. No intentes hablar corriendo. "Respirar adecuadamente puede evitar cansancios inútiles", aprender a respirar de forma correcta es una tarea difícil y que requiere mucho tiempo.

 No pierdas tu acento. La dicción no tiene nada que ver con tu acento. "El castellano es muy rico y tiene muchas variantes que no tienen por qué esconderse". Si una persona quiere eliminarlo de su dicción, es libre de hacerlo, pero, no debe tomárselo como una obligación.

Consejos para mejorar tu dicción al hablar: Existen numerosos trucos caseros para mejorar tu dicción. Algunos de ellos son muy sencillos, pero, otros tienen un nivel más avanzado, hay que consultar a un experto, pues algunos especialistas en 'coaching' de voz, aseguran que un ejercicio mal practicado puede llegar a forzar y afectar a los músculos.

A pesar de ello, existen algunos primeros pasos que sí puedes dar por tu cuenta, se puede practicar con trabalenguas, entonación de poesías o incluso hablar sobre temas difíciles. Charlar sobre temas complicados puede ayudarte a mejorar tu entonación y la emoción de tus palabras.

LENGUAJE

PARAVERBAL

Este tipo de lenguaje, tiene la doble función de mejorar la comprensión del lenguaje verbal y favorecer la manifestación de sentimientos, emociones y de actitudes del que habla.

El lenguaje paraverbal se compone de una serie de características que complementan al lenguaje verbal:

- El volumen
- El ritmo
- Tono de la voz
- Las repeticiones
- Enlaces
- Sonidos
- Silencios

Influye en la regulación de la conversación, expresando la invitación a participar en ella a través de la elevación de tono al acabar el turno propio, en los silencios que instan al entrevistado a hablar, en mostrar deseo de intervenir, etc.

Los elementos paraverbales acompañan la expresión lingüística y entregan al receptor claves que van más allá de lo verbal, pero, que lo complementan. Dichas claves posibilitan al oyente la interpretación del significado del mensaje con mayor precisión.

Los elementos paraverbales del lenguaje oral son la entonación, las pausas, los énfasis; es decir, aquellos recursos que nos permiten decir algo en tono de pregunta, de exclamación o de afirmación; en un tono irónico o no convencional; expresar un silencio o interrupción, indicar el cambio de turno de los interlocutores, etc.

Estos elementos del lenguaje paraverbal se traducen en su forma escrita en los signos de puntuación y entonación. Es así como usamos las comillas para indicar el sentido irónico o no convencional de una palabra; los puntos suspensivos para indicar pausas o frases incompletas, los guiones para indicar las intervenciones de los interlocutores, los signos de interrogación y exclamación para expresar preguntas y exclamaciones.

TONO Y VOLUMEN DE LA VOZ

• Debemos evitar un tono de voz monótona y de bajo volumen, ya que lleva a la audiencia a desconectar y a perder interés en la exposición.

• Conviene aprovechar cualquier oportunidad para hablar en público, ya que dominar la voz sólo se consigue con la práctica.

• Es importante aprender a modular la voz, es decir, a subir o bajar el volumen, cambiar el ritmo, hacer énfasis en determinadas palabras. Con todo ello, conseguiremos captar la atención del público más fácilmente.

• Es muy positivo hacer énfasis en los puntos importantes del discurso, es decir, destacar las ideas, resaltar las conclusiones, etc.

• Cada vez que realicemos una afirmación, debemos hablar con determinación, con voz firme, alta y sin titubeos.

• Es imprescindible hablar claro para transmitir correctamente el mensaje, hacer un esfuerzo en vocalizar correctamente.

• Cuando hablemos en público, hay que hacer un esfuerzo por hablar alto, lo suficiente para que nos oigan claramente todos los oyentes.

• Es muy frecuente hablar demasiado rápido, debido a los nervios. Debemos tener en cuenta este aspecto y tratar de hablar de una manera sosegada, sobre todo al principio del discurso.

• Hablar lento facilita enormemente la comprensión y además, proyecta al espectador una imagen de seguridad.

EJERCICIOS DE RESPIRACIÓN Y DICCION

El siguiente ejercicio, al hacerlo a consciencia, te llevará a mejorar tu pronunciación y, en consecuencia, tus mensajes al hablar en público serán claros y precisos.

• Toma un texto y léelo en voz alta.

• Grábate ya sea en audio o en video, leyendo el texto

• Escúchalo y toma nota de los puntos en donde percibas que tu pronunciación no es la correcta.

• Una vez realizadas las correcciones, realiza nuevamente la grabación, notarás los cambios.

Selecciona textos ricos en palabras; una buena fuente es el periódico de la ciudad, y si quieres incrementar la dificultad, emplea trabalenguas:

"En la mañana, la mamá de Ana Zavala va a la plaza a cambiar cáscaras de naranja por manzanas, bananas, patatas y calabazas, para lavarlas, aplastarlas, amarrarlas, empacarlas, cargarlas y mandarlas a Canadá para venderlas allá."

"Quieren que primero prepare paprika, para papricar mi primera comida y que estando ya papricada me prepare para principiar a deglutir golosamente esta primera papricada comida".

RESPIRACION

• Suelta todo el aire de tus pulmones hasta que te quedes sin aire, ahora, deja entrar el aire, es decir, no aspires, simplemente déjalo entrar con naturalidad, si te das cuenta, pareciera que tu estomago se inflara, aunque no es así, lo que está ocurriendo, es que tu diafragma se está moviendo hacia abajo abriéndole espacio al aire que está inflando tus pulmones; esta es la forma adecuada de respirar, el hacer este ejercicio te ayudará a tomar consciencia de tu respiración, toma el aire siempre por la nariz.

Ahora, con tus pulmones llenos, comienza a contar de uno en uno hasta que te quedes sin aire, la idea es que cada vez llegues a un mayor número, con este ejercicio comenzarás a ganar resistencia.

Otros ejercicios que puedes realizar para aprender a retener y controlar el aire:

• Control respiratorio, manteniendo durante un minuto en el aire un copo de algodón o una pluma.

• Soplar pelotas de ping-pong sobre una mesa

• Apagar una vela colocándola cada vez a mayor distancia.

• Colocar un espejo bajo las fosas nasales y espirar por la boca sin empañarlo.

LENGUAJE CORPORAL

> *"El movimiento es un lenguaje,*
>
> *no es ni estética ni decoración"*

El Lenguaje Corporal, es todo aquel conjunto de movimientos, gestos y actitudes que realizamos consciente o inconscientemente cuando nos comunicamos.

A través del lenguaje corporal, el orador transmite mensajes, como pueden ser los nervios, la timidez, seguridad, confianza, dominio, entusiasmo, vacilación, etc. Recuerda: el público capta todo este conjunto de gestos con total claridad.

Desde el primer momento en que se empieza la exposición, debemos utilizar el lenguaje corporal en sentido positivo. Hay que saber transmitir serenidad y espontaneidad evitando aquellos gestos, actitudes y movimientos que resulten exagerados. Es conveniente no quedarse quieto o rígido ya que rompe la monotonía y ayuda a captar la atención del espectador. Se debe mantener una postura cómoda, erguida, natural y no forzada.

Un factor muy importante que no conviene olvidar, es establecer el contacto visual con el auditorio desde el primer momento.

Los gestos relajados del rostro ayudan notablemente a atraer la atención del público. Una sonrisa agradable siempre tiene un muy buen efecto.

Los movimientos de las manos deben estar cuidados, ni inmóviles ni en constante movimiento. Son útiles para enfatizar las ideas o conceptos cruciales que se están describiendo. La postura debe ser erguida y relajada. La posición en el escenario debe ser aquella que permita a todos los espectadores vernos con claridad.

GESTOS DE LENGUAJE CORPORAL

Un 80% de nuestra comunicación, la transmitimos a través de nuestro lenguaje corporal, es decir, a través de nuestros gestos. A la hora de realizar una presentación en público debemos por lo tanto prestar especial atención además de la mirada a:

• La buena utilización de nuestros brazos y manos: Los brazos y las manos son las herramientas esenciales que utilizamos para comunicarnos. Debemos procurar que se muevan como si nos encontrásemos en una conversación normal, es decir, con naturalidad.

• No cruzar los brazos o meterse las manos en los bolsillos: Cruzar los brazos a menudo se interpreta como un gesto defensivo. El meterse las manos en los bolsillos también puede entenderse como que tuviéramos una actitud excesivamente des-preocupada, o incluso, falta de respeto. De no saber qué hacer con los brazos, siempre podemos optar por colocarlos en la espalda con las manos cruzadas (esto transmite autoridad y seguridad) y poco a poco, dejarlas caer hacia los lados a medida que nos sintamos más cómodos.

Con el lenguaje verbal transmitimos información, mientas que, el lenguaje corporal se utiliza para transmitir estados anímicos y actitudes. El lenguaje corporal pueden ser los gestos que realizamos con los brazos, la expresión de nuestros ojos, como nos movemos, la posición de la boca… Es posible controlar el lenguaje corporal, pero es complicado en muchos casos ya que son gestos involuntarios, sobre todo en situaciones de mucha tensión.

GESTO POR GESTO

Los gestos, son ampliamente utilizados dentro del lenguaje corporal. El ser humano se pasa todo el día haciendo gestos con todas las partes de su cuerpo, son tantos, que hasta pasan inadvertidos.

Los gestos expresan una variedad de sensaciones y pensamientos, desde desprecio y hostilidad hasta aprobación y afecto

Los gestos siempre son muy propios de quien los efectúa, sin embargo, a continuación, te presentaré algunos que dicen grandes cosas, y que, sin duda, los debes adoptar para efectuarlos cuando sientas que las palabras no te alcanzan, o para que interpretes mejor los mensajes que inconscientemente manda tu compañía…:

• Exhibir las palmas: verdad, honestidad, lealtad.

• Frotarse las palmas: expectativa positiva.

• Frotar el pulgar contra el índice: interés por el dinero.

• Mantener los dedos entrelazados indica frustración, aunque también se usa para disimular una actitud negativa.

• Manos tomadas detrás de la espalda: superioridad, autoridad, seguridad, cuando en esta posición se toma la muñeca o el brazo significa autocontrol.

• Manos detrás de la cabeza: actitud dominante, de superioridad.

• Apoyar la cabeza en la mano es una señal típica de aburrimiento. Mucho cuidado.

• Acariciarse la barbilla significa que está tomando una decisión, acariciarse la nuca: enojo o frustración.

• Darse una palmada en la frente o nuca señal de que algo se olvidó.

El lenguaje corporal también expresa seducción, por ejemplo:

• Arreglarse la corbata o los gemelos

• Tocarse o arreglarse el cabello.

• Manos en la cintura

• Exhibición de muñecas.

• Ondulación de caderas.

• Cruzar la pierna hacia el lado de la persona que nos atrae

• Sonreír de forma pícara

• Mirar curiosamente de reojo

La mirada: Sin duda alguna, la parte más relevante y de mayor implicación en el lenguaje gestual. Si la expresión corporal, o lenguaje no verbal, tiene un peso o relevancia del 80% del proceso de la comunicación; los ojos son un 60% de ese 80%; es por eso, por lo que este desglose que a continuación te presento, he decidido iniciarlo con la mirada. El contacto visual muestra interés.

En el caso del contacto social, la mirada se centra en el triángulo entre los ojos y la boca, en cambio, en el contacto profesional, de negocios, la mirada suele centrarse en el triángulo de los ojos y el centro de la frente. La mirada tiene una importancia enorme. El significado de la mirada dentro del lenguaje corporal es de lo que más se estudia y, por ende, de lo que popularmente más se conoce.

A la mirada de nuestros ojos se le da tanta atención, porque cumple varias funciones, entre ellas:

• Expresa emociones. Paul Ekman, Psicólogo norteamericano especializado en el estudio de las emociones, ha detectado la participación de la mirada en la configuración de las 6 emociones básicas: la sorpresa, la ira, el asco, el miedo, la alegría y la tristeza.

• Es una fuente de información por si sola. ¿Has escuchado ese dicho de que: " la mirada delata"? Bueno, pues, es completamente cierto.

• Es la encargada de dar el significado o naturaleza de la situación en la que nos encontremos.

No desvíes la mirada, ni evites mirar nunca, porque los ojos son el principal conector con nuestro interlocutor.

Frente a un auditorio, la mirada debe ser como un GPS, que guía o indica el camino. Usa tu mirada haciendo barridos generales sobre el auditorio, y cuida que estos "barridos" lleven una velocidad acorde a tu discurso. Esto, además de transmitir seguridad, confianza y dominio, tanto del tema como del público, te permitirá estar atento a las reacciones del mismo.

Los más recientes estudios de neurociencias, revelan que el cerebro siente fascinación por los ojos, le hipnotizan y tiene una constante atracción por ellos.

RECUERDA: nuestra mirada tiene lenguaje propio, puedes estar diciendo una cosa con palabras y una muy distinta con los ojos.

La sonrisa: Si es sencilla, transmitimos inseguridad. Con una sonrisa sencilla, pero, de alta intensidad, donde, incluso enseñamos parte de los dientes superiores, transmitimos calor y confianza.

La sonrisa, se utiliza generalmente para expresar felicidad, alegría, simpatía o para disimular hipócritamente una situación incómoda.

Hay muchos tipos de sonrisas, cada una, tiene un significado especial, que depende de lo que la persona sienta en su interior.

¿Sabes la verdad detrás de una sonrisa?

• Una sonrisa ligera, de esas que apenas se notan, expresa inseguridad, duda y falta de confianza.

• Una sonrisa sencilla, pero intensa, es decir; cuando no hay una carcajada, pero, las comisuras de los labios se levantan mucho y se pueden observar los dientes de arriba, da a entender confianza, por lo usual, significa que la persona está pasando un rato agradable.

• La sonrisa superior transmite un mensaje de satisfacción al ver a alguien o al recibir algo. Esta es la sonrisa donde se todos los dientes quedan al descubierto.

• Esta última sonrisa puede ser más intensa cuando además se cierran los ojos. Expresa felicidad, diversión. Sin embargo, también suele ser utilizada para engañar cuando alguien está disimulando la verdad, por eso, hay que prestarle atención, y analizar la situación en la que se dé.

• Una sonrisa amplia, denota mucha alegría y placer, se acompaña de una mirada estrecha.

• Una sonrisa con carcajada incluida es contagiosa, suele darse entre grupos de personas o cuando la pareja realmente se está divirtiendo.

La sonrisa como muestra de nuestra Actitud Positiva

Con nuestra sonrisa empezamos a proyectar una imagen positiva hacia nuestro público. Una sonrisa atrae, nos ayuda a disimular nuestros temores y por supuesto, transmite confianza y optimismo. Por muy positivo que sea el mensaje oral que queramos transmitir, si una sonrisa no acompaña nuestras palabras, éstas sonarán como distantes y ausentes.

Con nuestra sonrisa, transmitimos a nuestro público que estamos contentos de compartir la charla con ellos. Además, al sonreír, envías un mensaje de tranquilidad al cerebro y eso te dará mayor seguridad en tu presentación.

Las manos: después de los ojos, la parte que más habla de nosotros en nuestro cuerpo, son las manos, con ellas no solo saludamos y nos despedimos; el ser humano desde siempre ha usado las manos para comunicarse, y si bien, cada cultura puede tener sus propias expresiones y movimientos, hay tres posiciones principales que debes conocer:

Palmas arriba: expresa transparencia, inocencia, honestidad y confianza, es un gesto no amenazador, que por el contrario, comunica sumisión.

Palmas abajo: con este gesto transmites seguridad y dominio, es un potenciador de tus palabras, pues reafirma gestualmente tus palabras.

Palmas cerradas: si además de tener las palmas cerradas, señalas con un dedo, el mensaje que envías es de agresión, quien te escucha puede sentirse irritado u ofendido, hay que tener singular cuidado con esto.

Frotarse las manos demuestra que esperamos algo positivo, entrelazar los dedos busca esconder una actitud negativa.

• ***Los brazos, las piernas y los pies***: cruzar los brazos y las piernas muestra una actitud negativa. El cruce de pies puede reflejar timidez mientras que un desplazamiento ligero por el espacio te empodera y aumenta la credibilidad que transmites.

POSTURA Y COLOCACIÓN

Para darle autoridad a nuestras palabras, lo mejor, es estando de pie, bien al frente del auditorio. Lo contrario, quedarse sentado, muestra una actitud a la defensiva. Quedarse en una posición intermedia puede dar imagen de timidez.

Sentándose al borde de una mesa, puede lograr crear una atmósfera más distendida. Ahora bien, no es aconsejable hacerlo desde el primer momento, ya que podemos transmitir inseguridad y además, perdemos movilidad con el tiempo.

Se debe evitar también el encogerse físicamente delante del público, por lo que deberemos esforzarnos en estar bien erguidos.

LA POSTURA CORPORAL

La postura que tome nuestro cuerpo cuando se habla con otra persona, tiene más significado de lo que se puede imaginar.

La postura que se tome puede facilitar el camino para conquistar a alguien, o bien, para mejorar nuestra calidad de expresión o entender de manera más clara a quien nos acompaña.

Dentro del lenguaje corporal se habla de posturas abiertas o cerradas.

Las primeras, se tratan de aquellas posturas en donde no hay barreras como los brazos o las piernas entre un interlocutor y otros, caso contrario, en las posturas cerradas, en donde, por ejemplo, se usan los brazos cruzados para aislar o proteger el cuerpo (de forma inconsciente en muchos casos).

Además, es importante que consideremos las posiciones ideales para hablar de acuerdo al caso; por ejemplo:

• En situaciones competitivas: frente a frente

• Para ayudar o cooperar: Al lado

• Para platicar: En ángulo recto

POSTURA DE LA CABEZA

• Movimientos de lado a lado: negación.

• Movimientos hacia arriba y abajo: asentimiento.

• Arriba: neutral o evaluación.

• Inclinada lateralmente: interés

• Inclinada hacia abajo: desaprobación, actitud negativa.

POSTURA DE BRAZOS

• Cruce Standard: postura defensiva, también puede significar inseguridad.

• Cruzarlos manteniendo los puños cerrados, indica señal de defensa y hostilidad.

• Cruzar los brazos tomándose los brazos, es una muestra de restricción.

POSTURA DE PIERNAS

• Cruce Standard: actitud defensiva.

• Cruce en 4 ("en indio"): competencia, discusión.

• Cruce estando de pie: incomodidad, tensión.

• Cruzar los tobillos: se usa para disimular una actitud negativa.

Consideraciones importantes a tener en cuenta con el lenguaje corporal:

• Si te inclinas demasiado hacia la otra persona, estarás invadiendo su espacio personal, esto no se debe hacer cuando aún no hay mucha confianza y parecerás demasiado agresivo.

• Los brazos cruzados son una señal. Mantener los brazos cruzados es señal de alejamiento, significa que la persona no quiere intimar, que no se siente en confianza, o que no está del todo bien.

• Una postura encogida significa aburrimiento.

• Mantener una posición relajada con brazos y piernas ligeramente abiertas, demuestra auto confianza y seguridad.

• Acercarse más de lo debido o un cuerpo rígido puede demostrar agresividad.

• Mostrase con una postura erguida, es lo mejor para cuando se quiere demostrar seguridad, valor e importancia en lo que se hace.

• Manos en la cintura: desafío, agresividad.

• Pulgares en la cintura o bolsillos: virilidad.

• Indicar con el dedo: desafío.

Podría escribir un libro completo sobre el lenguaje corporal y la comunicación gestual (lo que no me resulta una idea interesante), sin embargo, por ahora no ahondaré más, salvo reiterar, que es importante cuidar el lenguaje corporal a la hora de hablar en público.

Los gestos forman la parte más importante del discurso y conviene cuidarlos.

TECNICAS PARA LA EXCELENCIA

Ser un excelente orador requiere una gran experiencia y dominio de las técnicas de presentación oral para hablar eficazmente en público.

DINAMISMO Y ENERGÍA

Del orador depende que una charla del tema más aburrido resulte interesante al espectador.

Gran parte del éxito como comunicador depende de nuestro entusiasmo, energía y fuerza para transmitir un mensaje a la hora de exponer nuestras ideas.

Ya no es suficiente con presentar un mensaje, es necesario también despertar el entusiasmo del público.

LA ATENCIÓN Y LA PERSUASIÓN

Entre los aspectos más importantes al abordar un discurso, está el mantener la atención del público y persuadirlo de nuestro propio punto de vista

CAPTAR LA ATENCIÓN

El orador debe tratar de ganarse al público, independientemente de que este coincida con los argumentos expuestos.

Para captar la atención del público debemos tener en cuenta una serie de factores:

• Al público se le gana con simpatía y amabilidad.

• Es importante saludar al auditorio desde el primer momento, estableciendo contacto visual y agradecer de forma sincera su presencia.

• Mostrar una imagen amable, tanto en el lenguaje corporal, como en el tono de la voz

• Mirar al público. El contacto visual es fundamental para mantener el hilo conductivo de la exposición.

• Siempre resulta agradable unos toques de humor sano y sobrio que ayudan a relajar la tensión, avivar el interés y a mantener la atención del oyente.

• También, se puede dar la oportunidad al público de participar en la exposición.

• El orador deberá estar atento a las reacciones del auditorio, tratando de detectar indicios de pérdidas de atención (mirar al reloj, hablar con un compañero, leer un folleto).

• Si se observan signos de desatención, es aconsejable cambiar el tono de la voz, enfatizar, comentar alguna anécdota curiosa, emplear el humor, etc.

PERSUASIÓN

Persuadir significa, en esencia, convencer a las personas mediante argumentos. La persuasión, es una forma de comunicación social que se basa en el convencimiento que se ejerce desde un emisor a un receptor. La persuasión puede lograrse de muy diversas maneras, aunque en la mayoría de los casos, el lenguaje oral o escrito, es el principal elemento para convencer, ya que, se pueden presentar diferentes teorías e ideas persuasivas. Se considera que la persuasión es exitosa cuando la persona acepta lo que el otro individuo le ha transmitido, significando esto, que tome una posición completamente nueva, o que directamente cambie la que ya tenía al respecto de determinado asunto.

Algunos tips al respecto:

• Ser moderado y estar calmado

• Conceder la razón en algunos temas con ecuanimidad

• Desarrollar una explicación sólida

DEJA DE PRESENTAR Y EMPIEZA A CONVERSAR

Algunos recursos de la persuasión:

• Mostrar apasionamiento por el tema tratado

• Sonreír y ser agradable en el trato personal

• Considerar con máximo interés las preguntas o intervenciones de los oyentes

• Transmitir valores humanos positivos (generosidad, aplicación, honestidad, deseo, felicidad).

Elementos de persuasión eficaz:

La persuasión, es eficaz cuando están en juego los temas relacionados con:

• ***El dinero***: (este procedimiento permitirá ahorrar a la empresa unos costos de...)

• **_El tiempo_**: (la implantación del sistema permite reducir los tiempos de fabricación en torno a un 15%...)

• **_El trabajo_**: (estamos comprometidos con aumentar la productividad de nuestros trabajadores...)

• **_La ciencia_**: cualquier argumento que se articule apoyándose en principios científicos obtendrá muy poca oposición.

METODO SPAM

Uno de los modelos más conocidos para una correcta exposición hablada es el modelo SPAM. Este nos da 4 puntos básicos a tener en cuenta:

• **_Situación_**: Tener en cuenta la hora y el lugar donde se va a celebrar el acto.

• **_Propósito_**: Las metas que el orador espera obtener con su charla.

• **_Audiencia_**: A qué personas va destinada nuestra charla.

• **_Método_**: Qué método vamos a utilizar para nuestra charla.

El método a utilizar es de gran importancia para el éxito de la charla. Tenemos como principales métodos:

1. Informativo

Lo que se expone es nuevo para la audiencia, y se expone de forma clara y precisa, para que la información expuesta sea de utilidad al público asistente.

2. **Persuasivo**

El orador trata de explicar características de un producto o servicio, de convencer de la conveniencia del mismo.

3. **Entretenimiento**

El motivo de la exposición suele tener una finalidad de entretenimiento.

LA
IMPROVISACIÓN

¡La mejor improvisación, es la que no se improvisa!

O, como dice el escritor Mark Twain: "Lleva tres semanas preparar un buen discurso improvisado", pero, hay veces que no disponemos de tanto tiempo, ya que nos lo piden de repente en un acto social o en una reunión de trabajo.

En muchas ocasiones, podrás encontrarte en situaciones en las que debes expresar tu punto de vista acerca de un tema en menos de diez minutos y sin preparación alguna ¿sabrías qué hacer?

Imagina que estás en una reunión, una clase o una entrevista, y te piden que improvises un discurso sobre un tema específico. En momentos como este, es bueno que sepas dar un discurso sin haberlo preparado de antemano; así demostrarás que eres una persona capaz de expresar sus ideas y argumentos coherentemente, sin necesidad de tener todo por escrito o planeado con anterioridad.

ESTRUCTURA DE UN DISCURSO CORTO O IMPROVISADO

Un discurso improvisado debe durar en promedio entre 5 y diez minutos, y su finalidad, es defender una idea con claridad sin necesidad de profundizar demasiado en el tema. Para preparar un discurso de este tipo, debes incluir los siguientes puntos.

1. ***Una introducción rápida***: en la que abras el tema, expongas tu tesis general y des una vista previa de los dos puntos centrales que defienden tu tesis.

2. ***Dos puntos centrales***: que soportarán tu tesis y que componen el núcleo de todo lo que vas a decir.

3. ***Dos puntos secundarios***: que servirán para soportar cada uno de tus puntos principales.

En los puntos secundarios, a cada punto central incluyes los ejemplos específicos.

Después de presentar tu primer punto central y sus dos piezas de soporte y ejemplos, concluye el primer punto e introduce el segundo.

4. ***Una conclusión que resuma lo expuesto***. Para concluir, vuelve a exponer tu tesis central y revisa cómo, o por qué los dos puntos centrales defienden tu tesis. Luego, cierra todo tu discurso.

Si te fijas, la mayoría de los discursos siguen esta simple estructura. Una introducción básica, un par de puntos a desarrollar y un cierre.

A continuación, te revelaré algunos tips importantes para improvisar un buen discurso.

>> Gana tiempo para que tu subconsciente prepare el discurso

¿Cómo? Reformulando la pregunta o repitiendo lo que te han pedido. Por ejemplo: "¿Me estas pidiendo que diga unas palabras en homenaje a nuestro amigo Fulanito que tengo aquí a mi lado?".

Sin que tú lo notes, en esos preciosos segundos, el patio trasero de tu cerebro habrá trabajado frenéticamente para encontrar alguna idea o anécdota que merezca la pena contar.

>> Ordena tus ideas, aunque sea en voz alta

Por ejemplo: "Voy a hablar de tres cosas." Y las enumeras.

• En caso de ser un tema profesional, podrías decir:

Lo que opino sobre el tema, Por qué tengo esa opinión, Qué creo que deberíamos hacer, etc… Si te fijas, este tipo de estructura te sirve para casi cualquier cosa.

• En caso de tratarse de un acto social:

Lo que nos une a él / ella y a mi es:

La anécdota que compartimos…

y la tercera… bueno, les dejo la incógnita para el final.

En esta última situación - la 3ª - podría ser una llamada a la acción o a la integración, como, por ejemplo: brindar o cantar toda una canción. Además, piensa que de esta forma sigues ganando tiempo.

>> Hazlo de forma concisa y fácil de entender

Cuando des tu opinión o hables de alguna cosa o persona, no debes enrollarte mucho; es suficiente con decir dos o tres cosas sencillas, y que no se presten a diferentes interpretaciones; en ocasiones, menos es más, y así, tendrás menos tiempo para mostrarte inseguro.

>> Demuestra tu punto de vista

Para reforzar esa opinión la deberías sustentar con datos, ejemplos de experiencias personales, anécdotas y estudios.

>> Apoya tu discurso con el lenguaje no verbal adecuado y la mirada.

Si estás contando una anécdota divertida acompáñala con una gran sonrisa, con gestos amplios o una pequeña escenificación. Además, intenta mirar a todos los asistentes para que tu mirada atrape su atención.

>> Haz una llamada a la acción

Que todo el mundo sepa claramente, lo que viene a continuación: que hable otra persona, un brindis, una canción o que se besen los novios.

>>Que todo ello no dure más de cinco minutos

Siempre es mejor pasarse de breve, que de extenso.

En cualquier caso, piensa que no se hunde el mundo si no te sale todo lo bien que hubieras deseado. Es solo una más de todas las improvisaciones que hacemos a lo largo del día… aunque tenga muchos testigos.

Lo mejor que podemos hacer antes de una "actuación" en público es practicar, practicar y practicar mucho.

1. Lea su ponencia en alto varias veces para escucharse; e incluso, grábela y escúchese o tenga a alguien con Usted para que opine.

2. Utilice su lenguaje corporal y sus gestos, como si estuviese delante del público. Lo mejor es practicar delante de un espejo.

3. Procure memorizar las partes fundamentales del texto, así evitarás una continua lectura del mismo y estar demasiado tiempo con la cabeza baja - cabizbajo-.

HAY COSAS QUE NO DEBES DECIR

Aunque no estés consciente de ello, tu público te evalúa todo el tiempo. No tendrá compasión de ti y decidirá en segundos si desea escucharte o no.

Una imagen inapropiada, evitar el contacto visual, o la mala dicción, pueden hacer que tu audiencia pierda el interés, así que, para evitar que tus presentaciones al hablar en público sean una mala experiencia, te comparto los 10 errores más comunes y cómo corregirlos.

1. Adoptar una postura tímida o desanimada: La primera impresión que provocas la determina tu postura. ¿Se nota que sabes de lo que vas a hablar? Tu lenguaje corporal lo refleja. La seguridad de tu postura está en tu torso, pero no creas que elevar los hombros lo resuelve.

¿Qué debes hacer?: Coloca tus pies de manera paralela (a lo ancho de los hombros), con el pie izquierdo da un paso pequeño hacia atrás y coloca las manos en forma de triángulo (juntando las yemas de las manos y palmas), después poco a poco mueve las manos conforme lo requiera tu mensaje.

2. **_No tener una estructura_**: Todo mensaje sin estructura se derrumba. Hablar por hablar lo hace cualquiera, pero, atrapar a la audiencia desde el momento en que abres la boca, lo logras al nunca olvidar que toda historia tiene una introducción, desarrollo y conclusión o cierre, este último es el más importante de tu mensaje.

¿Qué debes hacer?: Jamás improvisar; si no cuentas con una estructura y, sobre todo, si no sabes a dónde deseas llevar al público con tu tema. En tu introducción, habla en pasado; en tu desarrollo, en presente; en el cierre, en futuro.

3. **_Perder el contacto visual_**: El contacto visual es tan importante en la comunicación no verbal, que, cuando hablas en público, si lo omites, dirás sin palabras: "estoy nervioso" y, además, la audiencia dejará de ponerte atención, pues sentirán que no les estás hablando a ellos.

¿Qué debes hacer?: Fortalecer tu contacto visual ante audiencias pequeñas, en las cuales, es muy importante, que ofrezcas un contacto visual a cada uno de los integrantes de tu público mientras hablas. Si dominas esto, las audiencias grandes serán más fáciles.

4. ***Abusar del uso de ademanes o carecer de ellos***: Tu expresión corporal es energía. Si hablas con poca energía, el público te responde de la misma manera; en cambio, si exageras tu energía, la audiencia podría rechazarte por percibir que no eres auténtico. Los ademanes son los adjetivos de tus palabras, por ello, deben de ser dosificados, pero, jamás brillar por su ausencia.

¿Qué debes hacer?: Te comparto un ejercicio muy útil. En una frase corta, elige la palabra de mayor fuerza y otórgale un ademán específico. Si digo la frase "la calidad es esencial para nuestro servicio", la palabra "calidad" puedes representarla con el gesto que indica perfección (tu dedo pulgar e índice juntos formando un círculo y los demás dedos verticales). Ten mucho cuidado de no hacer un ademán para cada palabra de la frase, o matarás su efecto.

5. ***Hablar con un volumen bajo***: Tres de cada cuatro oradores hablan con un volumen bajo. Esto, genera un impacto pobre. No se trata de gritar, sino de proyectar seguridad con tu voz. Existen dos momentos cruciales para hablar con un volumen más alto: el inicio y el cierre.

¿Qué debes hacer?: Imagina que tu voz es un dispositivo de energía, y que al inicio de tu mensaje se encuentra a su máxima capacidad y que al final también. Dale fuerza a tus palabras y seguridad a tu imagen.

6. ***Descuidar la entonación***: Éste es uno de los errores más desastrosos. Cada vez que doy una capacitación, empodero a mis clientes a atreverse a hablar con emociones, no sólo con la lógica. No debes confundir la entonación con el volumen, son dos cosas totalmente

diferentes. La entonación, es la emoción específica que transmites al decir algo, por ejemplo, imagina que saludas con un "buenos días", con una emoción distinta cada vez: alegre, enojado, serio, inseguro, sorprendido, temeroso. ¿Verdad que no es igual en cada ocasión? Ese, es el poder de la entonación. Conecta de manera emocional.

Hay expresiones que son particularmente ingratas e inapropiadas en algunos auditorios, tales como:

• Ahora no estoy preparado.

• Ahora seré honesto con ustedes.

• Ahora diré algo importante.

• ¿Me entienden?

En tanto no tengas un conocimiento cabal de las preferencias y desagrados de quienes te escuchan, es preferible no arriesgarse con juicios que puedan herir susceptibilidades.

PREPARACION

Ahora que ya tienes herramientas para realizar una ponencia, presentación o cualquier intervención, es momento de revisar cómo nos preparamos desde el día anterior. Uno de los problemas más recurrentes en los oradores, es la ansiedad que sienten en los minutos iniciales de su exposición. Algunas recomendaciones:

1. Procura dormir bien

2. No consumas alimentos pesados

3. Llega con antelación para conocer el lugar y espacios

4. Dedica al menos 10 minutos previos a la relajación, y a elongar tu cuerpo, especialmente en zonas proclives a acumulación de tensión como el cuello y zona lumbar.

5. Revisa que tus complementos estén en las condiciones debidas: diapositivas, videos, audios. Etc.

6. Ejercita garganta y respiración a través de un texto.

7. Ten a la mano un vaso de agua.

Probablemente para quien te escucha, esto no marcará una gran diferencia; pero sí para ti.

COMUNICACIÓN ASERTIVA E

INTELIGENCIA EMOCIONAL

La comunicación, es básicamente la forma en la que se transmite un mensaje entre un emisor y un receptor, pero, cuando hablamos de Comunicación Asertiva o Asertividad, incluimos la actitud de esa comunicación, ya que, es la forma en la que una persona expresa sus opiniones desde el respeto hacia el otro, de una forma clara y pausada.

La comunicación asertiva, es un estilo de comunicación con un inmenso impacto, tanto en las relaciones emocionales, como en las relaciones profesionales y laborales.

Existen, por lo menos 6 características fundamentales, que debemos considerar para tener una comunicación asertiva efectiva:

1. Cuando miramos a nuestro interlocutor, estamos mostrando interés, y esta actitud aumenta sustancialmente la confianza y cercanía.

2. Tener una postura corporal abierta, dado que nuestra comunicación no verbal, demuestra interés y sinceridad.

3. Observar nuestros gestos y aprender a controlarlos, en vista de que, los gestos adecuados nos ayudan a dar énfasis a los mensajes que deseamos reforzar.

4. Fijarnos en nuestros niveles de voz, debido a que, al modularla de una manera adecuada, somos más convincentes.

5. Analizar cuánto tiempo escuchamos y cuánto tiempo somos escuchados, para aumentar la receptividad y el impacto.

6. Identificar cuánto, cómo, cuándo y dónde intervenimos; además, observar la calidad de nuestras intervenciones en las conversaciones.

¿QUE ES EL EQ?

La inteligencia emocional o EQ, es la capacidad para identificar, comprender y gestionar los propios sentimientos y emociones, mejorando, por tanto, el control de las reacciones; que se extiende al exterior del propio individuo, quien también cuenta con la habilidad para reconocer, entender y, en último término, influenciar las emociones de los demás.

No es lo mismo la inteligencia emocional o EQ que el coeficiente intelectual o IQ, aunque ambos son necesarios para el propio desempeño.

¿CÒMO USAR LA INTELIGENCIA EMOCIONAL EN EL TRABAJO?

La inteligencia emocional de un trabajador, recae en su habilidad para reconocer los sentimientos ajenos o los propios, y reconducir las emociones evitando el conflicto y mejorando el entendimiento.

Los juegos de inteligencia emocional en el trabajo, consiguen equipos que contribuyen directamente a una mejor atmósfera laboral, creando un clima más saludable, caracterizado por la alta confianza, empatía, pro actividad, buena comunicación y gestión más eficiente del estrés.

La inteligencia emocional, tiene un impacto directo en el día a día de un profesional, extendiendo sus efectos a todos los que le rodean, que resultan beneficiados por estas capacidades.

¿CÓMO PUEDE DESARROLLARSE LA INTELIGENCIA EMOCIONAL?

Las organizaciones han comenzado a aceptar paulatinamente las muestras emocionales dentro de las compañías, pero aún, hay que ir un paso más allá en la creación de culturas del cuidado; no basta solo con consentir los sentimientos dentro de la empresa, sino que, deben impulsarse como parte de las labores de los equipos, a través de actividades como, por ejemplo: coaching especializado o juegos de inteligencia emocional.

¿POR QUÉ DESARROLLAR JUEGOS DE INTELIGENCIA EMOCIONAL EN EL TRABAJO?

Las emociones son inherentes a las personas y, por tanto, están presentes en el ámbito laboral, influyendo en los comportamientos y reacciones profesionales. Como consecuencia, si somos capaces de aprender a aprovechar los sentimientos positivos y controlar los negativos, es decir, a auto conocernos y auto gestionarnos emocionalmente, mejoraremos el desempeño individual y colectivo.

Las personas que trabajan en una cultura en la que se sienten libres para expresar afecto, ternura, cuidado y compasión respecto a los demás, están más satisfechas con su trabajo, comprometidas con la organización e implicadas con su desempeño.

DISTINCIÓN ENTRE EMOCIONES Y SENTIMIENTOS

La emoción, es definida por la neurociencia, como la respuesta de nivel básico que crea reacciones bioquímicas en el cuerpo, alterando el estado físico actual.

Los sentimientos, por otro lado, son asociaciones mentales y reacciones hacia las emociones, según nuestras experiencias personales.

La emoción, es una alteración del estado físico que se puede medir por medio de la presión arterial o latidos del corazón.

La emoción nace de estímulos externos, son instintivos y de corta duración. Las emociones son también provocadas por los sentimientos, como, por ejemplo: cuando recuerda un momento especial y sonríe.

El sentimiento es una alteración en el estado mental que se mide según las experiencias de vida de cada uno. Son generadas en el subconsciente, por lo tanto, queda en la memoria emocional siendo duradero y recurrente.

EMOCION	SENTIMIENTO
FISICO	MENTAL
ESTIMULO EXTERNO	EXPERIENCIAS Y CONEXIONES INTERNAS
INSTINTO	SUBCONCIENTE
TEMPORAL	DURADERO

Importancia de las emociones

La mayor parte de la gente, ha aprendido equivocadamente, que lo importante es sentirse siempre bien. Esta idea, nos lleva a tratar de evitar, a toda costa, lo que llamamos emociones "negativas".   ¿Cómo?

• Negándolas.

•   "Anestesiándonos"   con   alcohol,   drogas   o medicamentos.

• Evitando enfrentarnos a la realidad, a través de cualquier tipo de adicción: Comida, deporte, trabajo, compras, sexo, etc.

•Buscando actividades peligrosas que nos provoquen fuertes descargas de adrenalina, etc.

• Los sentimientos se califican como positivos o negativos, cuando en realidad no son ni buenos ni malos; deben de ser considerados como adaptativos o des adaptativos, adecuados o inadecuados, dependiendo del momento en que surgen, su intensidad y la manera en cómo nos afectan.

• El miedo, ante una situación que pone en peligro nuestra vida, nos permite protegernos. En ese momento se considera positivo.

• El miedo a la crítica de los demás, por otra parte, nos impide hacer muchas cosas y nos desgasta constantemente, por lo que, en esas situaciones, se calificaría como negativo; lo cierto es que las emociones, aun las "negativas" nos ayudan a relacionarnos y adaptarnos al mundo que nos rodea.

¿Cómo son las personas emocionalmente inteligentes?

>> *Aceptan los cambios*: Quienes son emocionalmente más inteligentes no temen al cambio, pues son personas flexibles que se logran adaptar a las innumerables situaciones que se es presentan en su cotidiano. "Todo son ventajas".

>> *Se conocen casi a la perfección*: El saber sus fortalezas y debilidades, es un rasgo característico de las personas emocionalmente inteligentes, saben resolver aprietos o dificultades al conocer su entorno y a sí mismos. Esta característica suele mejorar con los años.

>> ***Su empatía, prima en todo su carácter***: Tienen una gran capacidad para entender las situaciones de las demás personas, las entiende por lo que están pasando. Esto ayuda a que sean personas con las que se pueda comunicar más fácil y que proyectan un mayor nivel de cercanía. "Las personas con alta inteligencia emocional aprenden de los errores en vez de sentirse víctimas. También, piden perdón cuando es necesario si han hecho algo que ha podido afectar a otras personas de manera negativa. Piden perdón de corazón y perdonan"

>> ***No se ofenden fácil***: Al tener un amplio conocimiento de sí mismos, conocer sus habilidades, fortalezas y debilidades, muy difícilmente alguien los lastima. Son personas que están seguras de sí mismas, tienen la mente muy abierta y hasta incluso pueden burlarse de sí. "No se llevan las amenazas a lo personal y saben diferenciar entre hechos y opiniones". Diferencian las críticas constructivas de las críticas que sólo pretenden hundirlos, y saben alejarse de comentarios despectivos que sólo traen destrucción. "Saben distinguir entre los ataques y cómo reaccionar ante esos ataques, y deciden hacerlo de la forma menos dolorosa para ellos mismos"

>> ***Saben cuándo y cómo decir que no***: El autocontrol, es algo que caracteriza a alguien emocionalmente inteligente. Usualmente, las personas no saben cuándo o como decirlo, produciendo en ellos un nivel de estrés. Las personas emocionalmente inteligentes no utilizan las frases "no creo que pueda" o "no estoy seguro" para decir que no, simplemente van al grano. "Estas personas, ponen límites cuando es necesario y defienden sus valores, ante todo.

"La asertividad, es saber decir aquello que sientes y quieres respetando tus derechos y los de los demás"

>> *Se enfocan en lo positivo*: Una persona inteligente emocionalmente, centra su atención en el lado positivo de cada situación que se le presente, aun, cuando hay problemas.

Buscan generar unas soluciones desde distintos puntos de vista a las adversidades que se les presentan, pues son conscientes de que, solo de ellos depende el estar bien o tener bajo control el momento.

>> *Son curiosas por naturaleza*: Están constantemente preguntándose por todo lo que los rodea, principalmente por el alto grado de empatía que poseen, pues al preocuparse más por las personas que están cerca, se genera un creciente nivel de curiosidad.

>> *Prefieren alejarse de las personas "tóxicas"*: Tienen muy claro con qué personas deben relacionarse, las características de las personas que los rodean son principalmente tres: optimistas, con una energía positiva y gente muy alegre.

En estas personas, ven una buena influencia que los ayuda a tener una vida estable y una visión de mundo más sana; además, de favorecer la creatividad de las personas con alta inteligencia emocional.

"Al tener buenas vibraciones y rodearse de gente positiva, ven el mundo desde una perspectiva más sana y que favorece la creatividad. "Suelen relacionarse con personas que sean buenas influencias y que les llenen"

>> ***Tienen enfoque de pro actividad***: La pro actividad se define como la acción o intervención activa de una situación que lo exija. Alguien con una inteligencia emocional alta, decide qué hacer en cada momento y actúan antes de que la situación lo exija. Tienen una gran capacidad de reacción por su constante relación con el entorno, son proactivos, más no reactivos.

>> ***Saben gestionar su tiempo***: "Saben gestionar su tiempo de trabajo y su tiempo de ocio, su tiempo de estudio y su tiempo de relax. Establecen horarios, planifican tareas y definen objetivos. No les importa cancelar planes si con ese tiempo pueden hacer algo prioritario para ellos. Conocen cuáles son sus valores y los riegan continuamente. Emplean su tiempo y sus días en aquello que les apasiona y lo dan hacia los demás como un regalo"

El gran teórico de la Inteligencia Emocional, el psicólogo estadounidense Daniel Goleman, señala que los principales componentes que integran la Inteligencia Emocional son los siguientes:

1. Autoconocimiento emocional (o autoconciencia emocional).

Se refiere al conocimiento de nuestros propios sentimientos y emociones y cómo nos influyen. Es importante reconocer la manera en que nuestro estado anímico afecta a nuestro comportamiento, cuáles son nuestras capacidades y cuáles son nuestros puntos débiles.

Mucha gente se sorprende de lo poco que se conocen a ellos mismos.

Por ejemplo, este aspecto nos puede ayudar a no tomar decisiones cuando estamos en un estado psicológico poco equilibrado. Tanto, si nos encontramos demasiado alegres y excitados, como, si estamos tristes y melancólicos, las decisiones que tomemos estarán mediadas por la poca racionalidad. Así pues, lo mejor será esperar unas horas, o días, hasta que volvamos a tener un estado mental relajado y sereno, con el que será más sencillo poder valorar la situación y tomar decisiones mucho más racionales.

2. Autocontrol emocional (o autorregulación)

El autocontrol emocional nos permite reflexionar y dominar nuestros sentimientos o emociones, para no dejarnos llevar por ellos ciegamente. Consiste en saber detectar las dinámicas emocionales, saber cuáles son efímeras y cuáles son duraderas, así como, en ser conscientes de qué aspectos de una emoción podemos aprovechar, y de qué manera podemos relacionarnos con el entorno para restarle poder a otra que nos daña más de lo que nos beneficia.

Por poner un ejemplo, no es raro que nos enfademos con nuestra pareja, pero, si fuéramos esclavos de la emoción del momento, estaríamos continuamente actuando de forma irresponsable o impulsiva, y luego nos arrepentiríamos. En cierto sentido, buena parte de la regulación de las emociones, consiste en saber gestionar nuestro foco de atención, de manera que, no se vuelva contra nosotros y nos sabotee.

3. Automotivación

Enfocar las emociones hacia objetivos y metas nos permite mantener la motivación y establecer nuestra atención en las metas, en vez de en los obstáculos. En este factor, es imprescindible cierto grado de optimismo e iniciativa, de modo que, tenemos que valorar el ser proactivos y actuar con tesón y de forma positiva ante los imprevistos.

Gracias a la capacidad de motivarnos a nosotros mismos para llegar a las metas que racionalmente sabemos que nos benefician, podemos dejar atrás aquellos obstáculos que solo se fundamentan en la costumbre o el miedo injustificado a lo que puede pasar.

4. Reconocimiento de emociones en los demás (o empatía)

Las relaciones interpersonales se fundamentan en la correcta interpretación de las señales que los demás expresan de forma inconsciente, y que a menudo emiten de forma no verbal. La detección de estas emociones ajenas y sus sentimientos que pueden expresar mediante signos no estrictamente lingüísticos (un gesto, una reacción fisiológica, un tic) nos puede ayudar a establecer vínculos más estrechos y duraderos con las personas con que nos relacionamos.

Además, el reconocer las emociones y sentimientos de los demás, es el primer paso para comprender e identificarnos con las personas que los expresan. Las personas empáticas son las que, en general, tienen mayores habilidades y competencias relacionadas con la IE.

5. **Relaciones interpersonales** (o **habilidades sociales**)

Una buena relación con los demás es una fuente imprescindible para nuestra felicidad personal, e incluso, en muchos casos, para un buen desempeño laboral. Y esto pasa por saber tratar y comunicarse con aquellas personas que nos resultan simpáticas o cercanas, pero, también con personas que no nos sugieran muy buenas vibraciones; una de las claves de la Inteligencia Emocional.

Así, gracias a la Inteligencia Emocional vamos más allá de pensar en cómo nos hacen sentir los demás, y tenemos en cuenta, además, que cualquier interacción entre seres humanos se lleva a cabo en un contexto determinado: quizás, si alguien ha hecho un comentario despectivo sobre nosotros es porque siente envidia, o porque simplemente necesita basar su influencia social en este tipo de comportamientos.

En definitiva, la Inteligencia Emocional nos ayuda a pensar en las causas que han desencadenado que otros se comporten de manera que nos hace sentir de un modo determinado, en vez de empezar pensando en cómo nos sentimos, y a partir de ahí decidir cómo reaccionaremos ante lo que otros digan o hagan.

Estoy seguro, de que estos conceptos serán de gran ayuda al momento de elegir las palabras, los gestos y demás herramientas que uses, cuando vayas a realizar una presentación en público, sea este un auditorio lleno o un solo interlocutor.

Epílogo

Tu actitud es lo más importante.

A lo largo de este libro, hemos dado un recorrido ligero por todo lo que implica el proceso de la comunicación, y te habrás dado cuenta, de que implica mucho más que simplemente pronunciar palabras.

Hablar en público, supone además de divulgar un mensaje, transmitir emociones, ideas, sentimientos y experiencias. En definitiva, si pones en práctica todo lo visto en estos capítulos y tomas tu lugar como emisor con la "actitud" correcta, podrás impactar notable y positivamente a aquellos que te escuchen. Pero, y ¿Cuál es la Actitud correcta? Pues Actitud es un estado mental positivo

Es ese estado mental que te permite afrontar las situaciones con determinación positiva. Como dice Napoleón Hill en su libro que tituló Actitud Mental Positiva: "Porque la Actitud lo es todo". La actitud, es la manifestación o el ánimo con el que frecuentamos una determinada situación, puede ser, a través de una actitud positiva o actitud negativa. A su vez, la actitud negativa no permite sacar ningún aprovecho de la situación que se está viviendo, lo cual, lleva a sentimientos de frustración, resultados desfavorables que no permiten el alcance de los objetivos trazados. De manera que, la próxima vez que te enfrentes a un público, lo harás con pasión, con seguridad y sobre todo con autenticidad, siendo tú mismo. De este modo, encontrarás que realmente, hablar en público es una experiencia fascinante.